Bibliografische Information der Deutschen Nationalbibliothek:

Die Deutsche Bibliothek verzeichnet diese Publikation in der Deutschen National-
bibliografie; detaillierte bibliografische Daten sind im Internet über http://dnb.d-
nb.de/ abrufbar.

Impressum:

Copyright © 2018 GRIN Verlag
Druck und Bindung: Books on Demand GmbH, Norderstedt Germany
ISBN: 9783668886506

Dieses Buch bei GRIN:

https://www.grin.com/document/455387

Lukas Waltenrath

Theorie der Preisbildung und Preiselastizität der Nachfrage. Überblick über verschiedene Methoden unternehmerischer Analyse

Das Beispiel der Fitnessbranche

GRIN Verlag

GRIN - Your knowledge has value

Der GRIN Verlag publiziert seit 1998 wissenschaftliche Arbeiten von Studenten, Hochschullehrern und anderen Akademikern als eBook und gedrucktes Buch. Die Verlagswebsite www.grin.com ist die ideale Plattform zur Veröffentlichung von Hausarbeiten, Abschlussarbeiten, wissenschaftlichen Aufsätzen, Dissertationen und Fachbüchern.

Besuchen Sie uns im Internet:

http://www.grin.com/

http://www.facebook.com/grincom

http://www.twitter.com/grin_com

Inhaltsverzeichnis

1 Preismanagement und Kooperationen

1.1 Preiselastizität der Nachfrage

Im Folgenden wird die Preiselastizität der Nachfrage bestimmt. Diese beschreibt die relative Änderung der Nachfragemenge als Reaktion auf eine Preisvariation (Dunker, 2006, S. 44).

Tab. 1: Prozentuale Änderung der Mitglieder und des Mitgliedbeitrags (eigene Darstellung)

	Vor der Preiserhöhung	Nach der Preiserhöhung	Berechnung der prozentualen Änderung	Prozentuale Änderung
Mitglieder	2.700 Mitglieder	2.400 Mitglieder	$\Delta Menge$ $$= \frac{M(neu) - M(alt)}{M(alt)} * 100\%$$ $$= \frac{2400 - 2700}{2700} * 100\%$$ $$= -11,11\%$$	- 11,11 %
Monatlicher Mitglieds- beitrag	40,9 €	45,9 €	$\Delta Preis$ $$= \frac{P(neu) - P(alt)}{P(alt)} * 100\%$$ $$= \frac{45,9\ € - 40,9\ €}{40,9\ €} * 100\%$$ $$= 12,23\%$$	+ 12,23 %

Tab. 2: Berechnung der Preiselastizität der Nachfrage (eigene Darstellung)

	Formel	Rechnung
Preiselastizität der Nachfrage	$(\varepsilon) = \dfrac{Änderung\ der\ Menge\ in\ \%}{Änderung\ des\ Preises\ in\ \%}$	$(\varepsilon) = \dfrac{-11,11\ \%}{12,23\ \%} = \mid -0,91 \mid$

Es gilt $\varepsilon < \mid 1 \mid$, demzufolge ist die Nachfrage unelastisch. Sie reagiert also weniger stark auf eine Preiserhöhung (Kotler & Bliemel, 2006, S. 827).

Man kann davon ausgehen, dass sich eine Erhöhung des monatlichen Mitgliedsbetrages um 5 € für das Unternehmen lohnt, da die Preiselastizität eher gering ausfällt und die Menge der Beiträge verlorener Mitglieder durch die Erhöhung der Beiträge bestehender

Mitglieder mehr als gedeckt werden kann, sodass das Unternehmen mehr Umsatz generiert.

1.2 Preisbildung

1.2.1 Anlässe der Preisbildung

Die Bildung eines Preises lässt sich auf zwei Tatbestände zurückführen. Neben der erstmaligen Preisbildung eines Produktes besteht die Möglichkeit einer Preisänderung eines bestehenden Produktes. Hierfür kann es verschiedene Anlässe geben (Meffert, Burmann, & Kirchgeorg, 2015, S. 487f).

Da die X&Y Health GmbH bereits fünf Anlagen im Fitness- und Gesundheitsmarkt besitzt und ein weiteres Firmenwachstum in Form von weiteren Anlagen anstrebt, liegt hier bereits der erste Anlass zur Preisbildung vor. Dieser Preisänderung liegt also eine Markterschließung zugrunde. Da die Erschließung von Märkten mithilfe weiterer Anlagen im Normalfall mit erheblichen Kosten verbunden ist, werden sich im weiteren Verlauf die interne Kostenstruktur des Unternehmens und somit letztlich auch der Preis ändern. Die Kostenveränderungen bilden hier also einen weiteren Anlass.

Um das Verhalten eines Unternehmens innerhalb der Marktsegmentierung bzw. im Wettbewerb festzulegen, ist eine gewisse Produktstrategie zu entwickeln. Die sogenannte Ansoff-Matrix oder auch Produkt-Markt-Matrix gibt hierzu vier Basisstrategien vor (Meffert, Burmann, & Kirchgeorg, 2015, S. 254).

Da die X&Y Health GmbH zwar weitere Anlagen plant, ihrem Segment und Konzept aber treu bleibt, greift hier die Strategie der Marktdurchdringung, bei der ein Unternehmen auf bestehenden Märkten mithilfe gegenwärtiger Produkte eine Vergrößerung des Marktanteiles bzw. eine Ausweitung des Marktvolumens zu erzielen versucht (Nieschlag, Dichtl, & Hörschgen, 2002, S. 900). Es wird vor allem auf die Gewinnung bisheriger Nichtverwender und Kunden der Konkurrenz abgezielt. Des Weiteren kann die Verwendung bisheriger Abnehmer gesteigert werden, indem die Möglichkeit geboten wird in zukünftigen Einrichtungen zu trainieren. Errichtet das Unternehmen weiterhin neue Anlagen sind Preissenkungen durch das Erreichen einer breiteren Masse möglich. Außerdem wird die Verkaufsförderung durch eine damit einhergehende verstärkte Werbung gesichert (Weis, 2012, S. 160).

1.2.2 Kostenorientierte Preisbildung

Bei der kostenorientierten Preisbildung handelt es sich um eine klassische Form der Preisbildung, bei der unter anderem die variablen und fixen Kosten des Unternehmens als Basis herangezogen werden. Weiterhin wird mittels des Zuschlagsverfahrens ein gewisser Gewinnzuschlag addiert.

Tab. 3: Gegebene Daten (eigene Darstellung)

Fixkosten	650.000 € (netto) pro Jahr
Variable Kosten	8,5 € (netto) pro Person und Monat
Mitgliederzahl	2.800 Mitglieder
Gewinnzuschlag	15 %

Tab. 4: Berechnung des endgültigen monatlichen Mitgliedsbeitrages (eigene Darstellung)

	Rechnung
Monatliche Fixkosten (netto)	$\dfrac{650.000\ \text{€}}{12\ Monate} = 54.166,67\ \dfrac{\text{€}}{Monat}$
Stückkosten (netto)	$variable\ Kosten + \dfrac{fixe\ Kosten}{Anbsatzmenge}$ $= 8,5\ \text{€} + \dfrac{54.166,67\ \text{€}}{2.800\ Mitglied}$ $= 27,85\ \dfrac{\text{€}}{Mitglied}$
Gewinnzuschlag (netto)	$27,85\ \dfrac{\text{€}}{Mitglied} * 0,15 = 4,18\ \dfrac{\text{€}}{Mitglied}$
Endgültiger Preis (netto)	$27,85\ \dfrac{\text{€}}{Mitglied} + 4,18\ \dfrac{\text{€}}{Mitglied} = 32,03\ \dfrac{\text{€}}{Mitglied}$
Endgültiger Preis (brutto)	$32,03\ \dfrac{\text{€}}{Mitglied} * 0,19 = 6,09\ \dfrac{\text{€}}{Mitglied}$ $32,03\ \dfrac{\text{€}}{Mitglied} + 6,09\ \dfrac{\text{€}}{Mitglied} = 38,12\ \dfrac{\text{€}}{Mitglied}$

Der endgültige monatliche Brutto-Mitgliedsbeitrag beträgt, bei einem Gewinnzuschlag von 15 %, 38,12 € für die X&Y Health GmbH.

1.2.3 Konkurrenzorientierte Preisbildung

Bei dem konkurrenzorientierten Preisbildungsverfahren orientiert man sich, wie der Name schon sagt, an den Preisen der Konkurrenz. Die festzulegenden Preise werden völlig ungeachtet der eigenen Kosten- und Nachfragesituation bestimmt, indem man sich an den Marktpreisen orientiert (Weis, 2012, S. 388).

Im Marktgebiet wird ein gleich positionierter Konkurrent eine Anlage mit einem etwas billigeren Angebot eröffnen. Um einem Kundenverlust entgegenzuwirken bieten sich nun folgende drei Möglichkeiten an. Man entscheidet sich einen gleichen, niedrigeren oder sogar höheren Preis für die eigene Dienstleistung anzusetzen. Die Gefahr bei der Festlegung eines niedrigeren Preises ist der vermittelte Qualitätsverlust.

Es entsteht also vor allem bei bisherigen, aber auch bei zukünftigen Mitgliedern bzw. Preiskennern der Eindruck eines verminderten Angebots. Da das Unternehmen seit jeher eine hohe Service- und Dienstleistungsorientierung an den Tag legt kommt eine allgemeine Preissenkung daher nicht in Frage. Um sich weiterhin von der Konkurrenz abzugrenzen wird die geplante Preiserhöhung stattfinden. Zusätzlich wird verstärkt mit dem vielfältigen und qualitativ hochwertigen Angebot geworben. Allerdings wird es, um konkurrenzfähig zu bleiben, verschiedene Varianten einer Mitgliedschaft geben. Eine günstigere, die sich im Preissegment des Konkurrenten befindet, die zwar das Training, aber keinerlei Zusatzleistungen beinhaltet und eine teurere mit vollem Leistungspaket. Weiterhin wird es die Wahlmöglichkeit zwischen einer Mitgliedschaftsdauer von 12 oder 24 Monaten geben, um Kunden zukünftig länger zu binden.

Tab. 5: Übersicht der Mitgliedschaften (eigene Darstellung)

Mitglied-schaft	Kosten	Leistungen
Basic	12 x 34,90 € mtl.	Gerätetraining
	24 x 29,90 € mtl.	
Complete	12 x 45,90 € mtl.	Gerätetraining, Kundenbetreuung,
	24 x 40,90 € mtl.	Wellnessbereich, Kursteilnahmen

2 Strategische Analysemethoden

2.1 Five-Forces-Modell

Anhand verschiedener Wettbewerbskräfte lässt sich die allgemeine Wettbewerbssituation einer Branche analysieren. Dahingehend werden fünf verschiedene Kräfte beschrieben, die Einfluss auf die Rentabilität und somit auf die allgemeine Marktattraktivität haben. Zu diesen zählen die Verhandlungsstärke der Kunden und Lieferanten, die Bedrohung durch Ersatzprodukte und neue Anbieter und die Rivalität eventueller Wettbewerber (Bea & Haas, 2013, S. 99). Im Folgenden soll die Wirkung dieser fünf Wettbewerbskräfte auf das Unternehmen Freeletics analysiert werden. Die Stärke dieser Kräfte ist abhängig von einer Reihe von Elementen (Porter, 2000, S. 32).

Die Kunden der Fitness-App Freeletics haben einen starken Einfluss auf das Unternehmen. Besitzen die Abnehmer eine große Verhandlungsmacht, so können diese einen niedrigeren Preis für dieselbe Qualität am Markt durchsetzen. Gerade die Fitnessszene bietet eine hohe Bandbreite an Ersatzprodukten, denn Freeletics als Unternehmen muss sich nebst anderen Apps auch gegen Alternativen aller Art behaupten.

Dazu gehören vor allem verschiedene Studios, die sie offensichtlich mit ihrem Konzept anzugreifen versuchen, um deren Kundenstämme für sich zu gewinnen.

Die Attraktivität eines Unternehmens wird wesentlich durch Ersatzprodukte beeinflusst. Wie bereits erwähnt bietet die Fitnessszene eine Vielzahl an solchen. Dazu gehören neben Studios und alternativen Apps beispielsweise auch einfache YouTube-Videos, die für Jedermann weitestgehend kostenlos im Internet abzurufen sind und speziell für das Unternehmen Freeletics eine gefährliche Alternative darstellen.

Die Bedrohung durch neue Anbieter wird im Wesentlichen durch die Eintrittsbarrieren der jeweiligen Branche bestimmt. Durch neue potenzielle Mitbewerber vergrößert sich das bestehende Angebot auf dem Markt, was die Preisstruktur eines Unternehmens beeinflussen kann. Die Bedrohung für das Unternehmen Freeletics ist im Bereich der Apps dahingehend als eher gering einzuschätzen, da diese sich mittlerweile auf dem Markt durchgesetzt und eine gewisse Markenidentität geschaffen haben. Außerdem bedarf es eines gewissen Know-hows und Kapitals eine derartige App zu kreieren und zukunftsorientiert weiter zu entwickeln. Anders verhält es sich in Bezug auf die bereits erwähnten YouTube-Videos, diese erfordern kein allzu großes Kapital und können prinzipiell von Jedermann abgedreht und hochgeladen werden.

Neu hinzukommende Mitbewerber bzw. Konzepte im Bereich der Fitnessstudios haben es allerdings immer schwerer sich neben den bereits vorhandenen Ketten durchzusetzen. Diese üben einen derartigen Preisdruck aus, der Privatbesitzer immer weiter aus dem Metier verdrängt, da das Budget, um mitzuhalten, schlichtweg fehlt.

Nichtsdestotrotz herrscht weiterhin eine hohe Wettbewerbsdichte, welche die Mitbewerberrivalität dementsprechend hoch hält und für eben jene Großkonzerne kein besonders großes Branchenwachstum mehr zulässt. Im Bereich der Apps und in Bezug auf das Unternehmen Freeletics ist diese Rivalität wiederum als geringer einzuschätzen, da diese sich durch ihr bereits erwähntes Image und ihr Produktangebot von Konkurrenten, wie beispielsweise Gymondo, die im Gegensatz zu dem harten Training mit eigenem Körpergewicht seitens Freeletics eher ein gewisses Kursangebot symbolisieren, genügend abgrenzen.

Hat ein Zulieferer einen hohen Stellenwert im Unternehmen inne, so hat er starken Einfluss auf eventuelle Verhandlungen. Diesbezüglich stellt sich die Frage welche Alternativen sich einem Unternehmen bieten. Besteht beispielsweise die Möglichkeit auf Ersatzlieferanten auszuweichen, so steigt die Verhandlungsmacht des Unternehmens gegenüber dem Zulieferer. Außerdem stellt sich die Frage von wie vielen Lieferanten ein Unternehmen insgesamt beliefert wird.

Im Zuge der Digitalisierung und in Anbetracht des Unternehmens Freeletics sind diese Fragen hinfällig, denn bezüglich ihrer App existieren keine Zulieferer, dementsprechend fällt die Verhandlungsmacht der Lieferanten eher gering aus. Allenfalls unter Einbezug von Freeletics-Merchandise bzw. deren Klamottenmarke machen sich gewisse Zulieferer bemerkbar, welche aber eher zu vernachlässigen sind, da die Haupteinnahmequelle wohl weiterhin die App selbst bleiben wird. Außerdem besteht die Möglichkeit diesbezüglich auf Ersatzlieferanten auszuweichen.

2.2 Durchführung einer SWOT-Analyse

Tab. 6: Durchführung einer SWOT-Analyse (eigene Darstellung)

Aspekt	Inhalt	Beschreibung
Stärken	Hoher Bekanntheitsgrad	Freeletics ist mittlerweile in über 160 Ländern der Welt vertreten (Librations GmbH, 2016). Deren Reichweite äußert sich weiterhin durch eine stetig steigende Nachfrage und ihre, mit über 15 Mio. Usern, sehr hohe Nutzerzahl (Health and Beauty Germany GmbH, 2017).
	Flexibilität	Es besteht die Möglichkeit den Umfang der Trainingswoche und die Intensität der Übungen den eigenen Wünschen entsprechend anzupassen (Heinzerling, 2014). Des Weiteren ist das Training durch die Ungebundenheit an Equipment und Sporteinrichtungen leicht in den Alltag zu integrieren. Dementsprechend gering ist der benötigte Zeitaufwand, unter anderem auch durch das Entfallen eines Anfahrtsweges (Buhrmester, 2017).
	Community	Durch die hohe Nutzeranzahl entsteht eine dementsprechend große Community, dies bietet eine nicht zu unterschätzende Möglichkeit der gegenseitigen Motivation und Unterstützung. Außerdem ist ein reales Treffen denkbar, um gemeinsam zu trainieren (Heinzerling, 2014). Bei Bedarf kann man sich weiterhin mit den Zeiten anderer Nutzer messen, was unter Umständen zu einem weiteren Motivationsschub beitragen kann (Buhrmester, 2017).
Schwächen	Zeitdruck	Speziell der Vergleich mit der Community kann auch einen Nachteil beherbergen. Nutzt man die Zeiten anderer abermals als Referenz, steigt der psychische Druck und durch das Mitlaufen der Uhr bekommt man das Gefühl immer schneller werden zu müssen. Schließlich bleibt die Genauigkeit bei der Ausführung der Übungen auf der Strecke (Buhrmester, 2017; Fitvolution UG, o. J.).
	Eingeschränktes Angebot	Gerätegestütztes Training oder die Nutzung von Kursangeboten ist nicht möglich. Zu Beginn wird keine Anamnese durchgeführt, dementsprechend besteht keine Sicherheit bezüglich der individuellen Übungseignung (Fitvolution UG, o. J.). Weiterhin besteht keine Möglichkeit eines medizinisch fundierten und betreuten Präventionstrainings, viel größer ist das Risiko sich Verletzungen innerhalb der Gelenke zuzuziehen (Heinzerling, 2014).
	Anfängerunfreundlich	Die fehlende Ausführungskontrolle während den Übungen ist nicht zu unterschätzen (Buhrmester, 2017). Die Übungen werden zwar mithilfe eines Videos erklärt, der beigefügte Text ist allerdings nicht ganz lückenlos

8

		(Fitvolution UG, o. J.). Gerade Anfänger können wichtige Details dahingehend leicht übersehen. In Anbetracht des bereits erwähnten Zeitdrucks und dem daraus resultierenden Verletzungsrisiko ergibt sich keine gute Kombination für Anfänger (Heinzerling, 2014).
Chancen	Kooperationen und Investoren	Der bereits erwähnte hohe Bekanntheitsgrad bietet die Chance mit anderen namhaften Unternehmen zusammen zu arbeiten, um das eigene Angebot zu verbessern. Der Zusammenschluss mit anderen Apps, die beispielsweise einen Kalorienzähler beinhalten, würde das Angebot von Freeletics komplettieren. Weiterhin existieren Anfragen seitens eventueller Geldgeber, die ihr Interesse am Unternehmen bekundet haben (Kyriasoglou, 2015).
	(Branchenfremde) Expansion	Der Erfolg und die Aussicht auf Investoren ermöglichen die Chance inner- und außerhalb der Branche zu expandieren. Dahingehend haben die Gründer der Freeletics GmbH mittlerweile einen CEO angestellt um Platz für neue Projekte zu schaffen (Kyriasoglou, 2015).
	Digitalisierungstrend	Die starke Affinität der Bevölkerung zu ihrem Smartphone, Tablet, Laptop oder Computer deutet darauf hin, dass sich die Entwicklung, sich online-basiert fit zu halten, nicht mehr zurückdrehen lässt. Leute haben wenig Zeit und wollen trotzdem fit bleiben. Somit ist die Menschheit auf solch zeitsparende Apps angewiesen. Hinzukommend bietet sich die Möglichkeit innovative Anwendungen zu integrieren, denn zukünftig werden sich die Angebote dahingehend entwickeln, dass sie nicht nur Fitnessprogramme vorgeben, sondern ebenfalls in der Lage sind Bewegungsmuster zu kontrollieren (Süddeutsche Zeitung GmbH, 2015). Entwickelt sich die App dementsprechend weiter, bietet dies eine riesige Chance für die Zukunft.
Risiken	Angebote des Discountsegments	Discounter bieten innerhalb ihrer Angebote verhältnismäßig mehr für einen ähnlichen Preis. Beispielsweise war es möglich eine Mitgliedschaft bei McFit für monatlich 4,90 € abzuschließen (McFIT Global Group GmbH, o. J.). Zum Vergleich ist die billigste Mitgliedschaft bei Freeletics für 1,54 € pro Woche zu haben (Freeletics GmbH, o. J.).
	Konkurrenzkampf	Die Digitalisierung in der Fitnessbranche ist auf dem Vormarsch. Als Mitanbieter eines dementsprechenden Produkts gilt es aufzupassen, dass die Konkurrenz nicht an einem vorbeizieht. Multimediale Techniken, wie beispielsweise der sogenannte Milon-Zirkel, halten immer mehr Einzug in die deutsche Fitnessszene (milon industries GmbH, o. J.). Kostenlose App-Alternativen stellen ebenfalls ein großes Risiko dar (Strongapp, o. J.)
	Gesundheitsrisiko	Zu Beginn der Nutzung wird keine Anamnese durchgeführt, dementsprechend besteht keine Sicherheit bezüglich der individuellen Übungseignung (Fitvolution UG, o. J.). Die bereits erwähnte unsaubere Ausführung kann

sich früher oder später auf die eigene Gesundheit niederschlagen. Verschiedene Gelenke, vor allem der Schultergürtel, Hand- und Kniegelenke, können hiervon betroffen werden (Heinzerling, 2014). Durch die sinkende Genauigkeit bei der Übungsausführung ist die Gefahr von Muskelverletzungen außerdem sehr hoch. Das Immunsystem wird stark belastet und der Blutdruck steigt bis auf das Sechsfache an, dementsprechend können Verletzungen des Herzkreislaufsystems nicht ausgeschlossen werden (Takac, 2016).

2.3 Erstellung einer SWOT-Matrix

Tab. 7: Erstellung einer SWOT-Matrix (eigene Darstellung)

SWOT-Matrix		Externe Analyse	
		Chancen (**O**pportunities)	Risiken (**T**hreats)
Interne Analyse	Stärken (**S**trenghts)	**SO-Strategien:** - Durch die hohe Nutzeranzahl, den damit einhergehenden Umsatz und den Einbezug von Investoren besteht die Möglichkeit Innovationen, wie die Ausführungskontrolle innerhalb der App zu realisieren und damit den Digitalisierungstrend weiter voran zu treiben. Außerdem kann der hohe Umsatz den Einstieg in andere Branchen vereinfachen. - Der hohe Bekanntheitsgrad bietet die Chance einer Kooperation mit anderen Unternehmen, um das eigene Angebotsspektrum zu erweitern.	**ST-Strategien:** - Durch die hohe Nutzeranzahl und den damit einhergehenden Umsatz besteht die Möglichkeit andere Unternehmen aufzukaufen, um diese Anbieter so als Konkurrenten auszuschalten und das eigene Angebotsspektrum zu erweitern. - Der Umsatz kann weiterhin dazu genutzt werden Innovationen zu realisieren, um sich von der Konkurrenz abzugrenzen. Hier bietet sich ebenfalls die Möglichkeit auf eine Kontrolle der Bewegungsausführung zu setzen, um dem erwähnten Gesundheitsrisiko entgegenzuwirken
	Schwächen (**W**eaknesses)	**WO-Strategien:** - Durch die Kooperation mit anderen Unternehmen lässt sich das eigene eingeschränkte Angebot erweitern. - Um der fehlenden Genauigkeit bei der Übungsausführung und der Anfängerunfreundlichkeit	**WT-Strategien:** - Es gilt, das eigene Angebot zu erweitern, um im Hinblick auf die Konkurrenz nicht auf der Strecke zu bleiben. - Das Gesundheitsrisiko muss minimiert werden, damit die Anfängerunfreundlichkeit gepaart mit der ungenauen Bewegungsausführung,

		entgegenzuwirken bietet es sich auch hier an auf die Chance einer Realisierung der Bewegungskontrolle zu setzen.	entstehend aus dem vorhandenen Zeitdruck, nicht zum Verhängnis wird.

2.4 BCG-Portfolio und Produktlebenszyklus

Bei dem sogenannten BCG-Portfolio handelt es sich um eine Vier-Felder-Matrix, in welche die strategischen Geschäftseinheiten eines Unternehmens in Anbetracht ihres relativen Marktanteils und Marktwachstums eingeordnet werden (Weis, 2012, S. 135ff). Dahingehend werden vier verschiedene Typen unterschieden. Die sogenannten Question Marks, Stars, Cash Cows und Poor Dogs. Die Stars zeichnen sich dabei durch hohe Wachstumsraten und einen hohen Marktanteil aus. Außerdem bedarf es hoher Investitionen, welche die Stars im Normalfall selbst erwirtschaften (Kotler, Armstrong, Saunder, & Wong, 2007, S. 104f; Weis, 1999, S. 529f).

Zum Bereich der Stars zählen unter anderem die Fitnessapps, da sie eine hohe Wachstumsrate und einen dementsprechend hohen Marktanteil vorzuweisen haben. Des Weiteren ist der Umsatz, der durch derartige Apps generiert wird, dementsprechend hoch (Statista GmbH, 2017).

Der Produktlebenszyklus beschreibt einen bestimmten, idealtypischen Entwicklungsweg eines Produkts (Freyer, 2011, S. 319). Dieser Entwicklungsweg besteht aus bis zu sechs Phasen, dazu zählen die Entwicklung, die Einführung, das Wachstum, die Reife, die Sättigung und der Rückgang. Außerdem besteht die Möglichkeit einer eventuellen Entsorgungs- oder Nachlaufphase im Anschluss (Nieschlag, Dichtl, & Hörschgen, 1997, S. 903f). Die Wachstumsphase charakterisiert sich durch eine erhöhte Nachfrage und eine damit verbundene erhöhte Absatzmenge in Kombination mit einem erhöhten Umsatz. In dieser Phase treten vermehrt Konkurrenten auf den Markt (Weis, 2012, S. 277f). Freeletics befindet sich momentan in dieser Phase, da deren Nachfrage und das allgemeine Angebot täglich steigen (Health and Beauty Germany GmbH, 2017).

Dementsprechend müsste die Freeletics-App zuvor die Phase der Entwicklung und Einführung durchlaufen haben, die sich wie folgt charakterisieren. Die Entwicklungsphase umfasst alles von der Idee bis zum verkaufsfähigen Produkt. Sie ist gekennzeichnet von hohen Investitionen und weitestgehend ausbleibendem Umsatz (Kotler, Keller, & Opresnik, 2015, S. 389). Bei der Einführungsphase steigt der Umsatz weiterhin recht langsam. Es herrscht ein hoher Kapitalbedarf. Durch intensive Werbemaßnahmen steigt der Absatz letztlich immer stärker an. Bei Überschreitung der Gewinnschwelle tritt das Produkt in die Phase des Wachstums ein (Weis, 2012, S. 277).

Der Zyklus der Freeletics-App unterscheidet sich in gewissen Dingen von diesem ideal-typischen Ablauf. Während der Entwicklungsphase waren beispielsweise keine enormen Investitionen nötig, die Gründer der App entwickelten schlichtweg ein E-Book, um ihr Produkt zu finanzieren. Profitabel waren sie außerdem ab dem ersten Tag. Via Online-marketing wurde während der Einführungsphase versucht ohne großes Kapital zu wirt-schaften. Letzten Endes kann man sagen, dass die Gründer ab besagtem ersten Tag keine Geldsorgen mehr hatten und das Produkt demnach keine erwähnenswerte Entwicklungs- und Einführungsphase vorzuweisen hat (Kyriasoglou, 2015).

2.5 Fazit

Schlussendlich gilt es zu sagen, dass fitnessbezogene Apps immer mehr an Bedeutung gewinnen. Anhand der Nutzerzahlen lässt sich erkennen, dass sie auf dem Vormarsch sind und zukünftig eine ernstzunehmende Konkurrenz für Studios aller Art darstellen. Allerdings bieten sie noch kaum eine Möglichkeit des gesundheitlich angehauchten und medizinisch fundierten Präventionstrainings. Zur heutigen Zeit, in der die Menschen immer bewusster auf Ernährung und Gesundheit achten, gewinnt das gesundheitsorientierte Training mehr und mehr an Bedeutung. Ein qualitativ hochwertiges Studio ist bei ernst-zunehmenden Beschwerden momentan noch nicht durch eine App zu ersetzen, da diese es bisher nicht schafft eine annähernd gleichwertige medizinische Betreuung zu liefern. Gegenwärtige Produkte ersetzen weder Arzt, noch jegliche Trainer, die auf die Kontrolle einer annehmbaren Bewegungsausführung achten. Der Zusammenschluss von App und Studio bietet allerdings dementsprechende Möglichkeiten, um letztlich eine noch größere Zielgruppe zu erreichen und den Markt dahingehend zu erweitern. Auch wenn die Ana-lyse gezeigt hat, dass das reale Trainingserlebnis in einem professionell geführten Studio noch keine Konkurrenz zu fürchten braucht, so sollte doch klar sein, dass das Verharren auf dem gegenwärtigen Zustand keine Lösung sein kann und darf. Zu groß ist das Poten-zial, das der Digitalisierung und der digitalen Vernetzung zugrunde liegt. Digitale Fit-nessprodukte sind Teil des Wandels der Fitnessindustrie und wer sich auf dem Markt behaupten und wettbewerbsfähig bleiben will, muss sich dem Markt anpassen, darf keine Trends verschlafen und muss sich ständig weiterentwickeln.

3 Corporate Identity

3.1 Interview-Analyse

3.1.1 Anzeichen einer Überarbeitung der Corporate Identity

Tab. 8: Anzeichen einer Überarbeitung der Corporate Identity (eigene Darstellung)

	Anzeichen	Beschreibung
1	Farbwechsel	Statt Gelb und Grau wird nun auf die Farbe Blau gesetzt.
2	Änderung des Slogans	Nun gilt der Leitspruch „Ja zu einem starken Körper".
3	Erweiterung der Werbeträger	Anfangs erreichte man die meisten Kunden über Mund-zu-Mund-Propaganda, mittlerweile wird allgemein mehr auf die Nutzung von Werbung, sprich regelmäßigen Kampagnen, gesetzt. Neben Print- und Onlinemedien steht seit Neustem die Nutzung sozialer Medien immer mehr im Vordergrund.
4	Veränderte Werbemittelgestaltung	Um ein jüngeres Klientel anzusprechen und den Eindruck, das Training sei ausschließlich für Alte und Kranke, zu revidieren, werden geschäftige Menschen in Freizeit- und Alltagssituationen dargestellt. Speziell ein älterer E-Gitarre spielender Mann gilt hier als Aushängeschild, der das Image perfekt zu verkörpern scheint. Das gewünschte Zielpublikum bewegt sich zwischen 30 und 55 Jahren.
5	Neues Werbesystem	Durch das neu eingeführte Print-on-Demand-System können Geschäftspartner des Franchisesystems Kieser Training selbstständig Anpassungen an Werbeelementen vornehmen und kostengünstig produzieren lassen.
6	Konzeptänderung, Entwicklung und Fokussierung	Es wird das Image eines medizinisch fundierten Trainings angestrebt. Dahingehend wurden mehrere neue Maschinentypen entwickelt. Der kurzzeitige Einbau von Sauna und Bar wurde widerrufen, da die Kunden nicht mehr trainierten und nur noch rumlagen. Nun steht der Fokus auf das Training, der Minimalismus, die Wissenschaft und somit die Abgrenzung zu herkömmlichen Fitnessclubs im Vordergrund.

3.1.2 Gründe einer Überarbeitung der Corporate Identity

Tab. 9: Gründe einer Überarbeitung der Corporate Identity (eigene Darstellung)

	Grund	Beschreibung
1	Differenzierung von Wettbewerbern	Das visuelle Erscheinungsbild eines Unternehmens, auch Corporate Design genannt, dient dazu sich in der Öffentlichkeit zu positionieren und von anderen abzugrenzen (Birkigt, Stadler, & Funck, 2002, S. 193). Dieses unverwechselbare und einprägsame Bild dient außerdem der Wiedererkennung und Identifikation (Becker, 2013, S. 639). Um nicht mit einem qualitätsärmeren Discountstudio in Verbindung gebracht zu werden und sich somit von der Konkurrenz abzugrenzen wechselt Kieser Training seine Unternehmensfarbe von Gelb und Grau zu Blau.
2	Erreichen eines höheren Marktanteils	Untersuchungen zufolge existiert ein Zusammenhang zwischen einer guten Corporate Identity und dem wirtschaftlichen Erfolg eines Unternehmens (Kroehl, 2000, S. 42). Um den Marktanteil mithilfe einer größeren Zielgruppe zu erhöhen, wird die Nutzung von Werbeträgern erweitert und ein Print-on-Demand-System eingeführt.
3	Beseitigung eines ungewollten Images	Weiteren Untersuchungen zufolge kann eine konsequente Corporate Identity ebenfalls zu einem Imagegewinn führen (Becker, 2013, S. 831). Um also eine in sich stimmige Corporate Identity zu schaffen und dem Irrglauben, Kieser Training sei nur etwas für Alte und Kranke, entgegenzuwirken, wird die Gestaltung der Werbemittel angepasst.
4	Modernisierung der Marke	Corporate Identity ist das Ergebnis eines ständigen Prozesses und unterliegt einer kontinuierlichen Entwicklung (Birkigt, Stadler, & Funck, 2002, S. 87). Die Modernisierung der Marke fasst also alle Änderungen der Corporate Identity zusammen, denn alle Änderungen tragen dazu bei den momentanen Zeitgeist zu treffen. Hinzu zählt ebenfalls die Änderung des Slogans.

3.1.3 Überarbeitung der Corporate Identity von vier weiteren Unternehmen

Tab. 10: Überarbeitung der Corporate Identity von vier weiteren Unternehmen (eigene Darstellung)

	Unternehmen	Beschreibung
1	McDonald's	Die Corporate Identity von McDonald's wurde in vielerlei Hinsicht geändert. Es kam bereits zu verschiedenen Entwicklungen und Innovationen. Hinzu zählen beispielsweise die Einführung des Lieferservices, des externen Kaffee- und Kuchenbereichs und die Bestellung via Terminal, die mittlerweile sogar Sonderwünsche erfasst. Außerdem wurde eine Farbumstellung hin zum Grün angestoßen. Diese Änderungen sind Reaktionen auf aktuelle Marktgeschehnisse, denn immer mehr kleinere Szenelokale laufen McDonald's den Rang ab. Auch das veränderte

2	Bahlsen	Konsumverhalten der Kunden spielt eine große Rolle, denn diese legen vermehrt Wert auf gesunde, regionale Produkte (Frehse, 2015).
2	Bahlsen	Die Corporate Identity von Bahlsen hat sich bezüglich ihres Markenlogos geändert. Neuerdings setzt das Unternehmen ausschließlich auf einen Schriftzug ohne jegliche schmückende Elemente. Dieser Wechsel wird mit sich verändernden Anforderungen an das Erscheinungsbild eines Unternehmens begründet. Außerdem wollen sie die Unternehmens- und Produktmarke klar voneinander abgrenzen (Arndtteunissen GmbH, 2015).
3	Twix	Die Corporate Identity des Unternehmens hat sich im Namen und somit hin zu Twix geändert, denn früher hieß der beliebte Riegel noch Raider. Der Grund für die Änderung lässt sich auf die Einheitlichkeit zurückführen, denn in den meisten Ländern wurde der Riegel bereits unter dem Namen Twix vertrieben (Osterloh, 2009).
4	Jägermeister	Die Corporate Identity von Jägermeister hat sich bezüglich ihres Slogans geändert. Zurückzuführen ist diese Änderung auf das Treffen des Zeitgeistes. Mit dem früheren Slogan „Achtung Wild!" konnte sich die Marke zwar in den Herzen der jungen Leute etablieren, doch laut des Unternehmens ist es fragwürdig, ob jene weiterhin auf diese Weise angesprochen werden wollen. Mit der Neuausrichtung des Slogans auf "Echt. Jägermeister." wird darauf plädiert, dass eben jene bzw. jede Generation irgendwann erwachsen wird und ihrer Marke treu bleiben möchte (Realgestalt GmbH, o. J.).

3.2 Marktstrategien

3.2.1 Marktbearbeitungs- und Wettbewerbsstrategie von Kieser Training

Bezüglich der Marktbearbeitungsstrategie seitens Kieser Training handelt es sich um eine selektive Spezialisierung, da mehrere Segmente bearbeitet werden (Kotler & Bliemel, 2006, S. 453ff). Prinzipiell spricht Kieser Training sämtliche Konsumentenklassen an, allerdings gilt es zu beachten, dass einige aus geografischen oder soziodemografischen Gründen, also aufgrund ihres Einkommens oder Alters, nicht geeignet sind (Meffert, Burmann, & Kirchgeorg, 2015, S. 183-186). Des Weiteren spielen psychografische Merkmale, speziell die Einstellung zur Freizeitgestaltung und die Beachtung der Gesundheit, eine Rolle (Weis, 2012, S. 151). Außerdem werden verschiedene Problemstellen, wie zum Beispiel Rückenbeschwerden oder Inkontinenzprobleme, angesprochen. Da Kieser Trainings Marketingprogramm sich einzelnen Segmenten anzupassen versucht, handelt es sich um ein differenziertes Marketing, denn mit ihren Kampagnen versuchen sie beispielsweise geschäftige Menschen im Alter von 30 und 55 Jahren zu erreichen. Kieser Trainings Wettbewerbsstrategie ist die sogenannte Differenzierungsstrategie, da das Unternehmen versucht die eigene Leistung als einzigartig innerhalb eines Segments darzustellen, um so einen höheren Preis zu erzielen (Weis, 2012, S. 153).

Kieser Training setzt im Speziellen auf eine hohe Qualität und Entwicklung ihrer Maschinen und legt eine hohe Servicebereitschaft an den Tag, wodurch eine Differenzierung bzw. Führungsstellung erreicht werden kann (Kotler & Bliemel, 2006, S. 139). Mithilfe der bereits erwähnten Entwicklung neuer Maschinen und der dadurch erreichten Behandlung spezieller Problemstellen will sich Kieser Training noch deutlicher gegenüber weiteren Wettbewerbern positionieren (Arentzen & Winter, 1997, S. 3379).

3.2.2 Strategien auf Basis der Produkt-Markt-Matrix nach Ansoff

Kieser Training verfolgt unter anderem die Strategie der Marktdurchdringung. Dabei will das Unternehmen auf bestehenden Märkten mithilfe gegenwärtiger Produkte eine Vergrößerung des Marktanteiles bzw. eine Ausweitung des Marktvolumens erzielen (Nieschlag, Dichtl, & Hörschgen, 2002, S. 900). Dies will Kieser Training beispielsweise durch die in Tab. 9 erwähnte Erweiterung von Werbeträgern erreichen. Dabei wird vor allem auf die Gewinnung bisheriger Nichtverwender und Kunden der Konkurrenz abgezielt (Weis, 2012, S. 160). Außerdem greift die Strategie der Produktentwicklung, bei der neue Produkte für bestehende Märkte entwickelt werden (Meffert, Burmann, & Kirchgeorg, 2015, S. 255). Als Beispiel hierfür gilt es die neu entwickelte Beckenboden- und Sprunggelenksmaschine seitens Kieser Training zu erwähnen.

4 Digitalisierung der Fitness- und Gesundheitsbranche

Tab. 11: Vorschläge zur Umgestaltung des Studios (eigene Darstellung)

	Vorschlag	Beschreibung
1	Onlinemarketing	Es gilt die Mitgliederanzahl, die sich in den letzten zwei Jahren halbiert hat, wieder aufzustocken. Um dies zu erreichen bedarf es eines effizienten und gleichzeitig kostengünstigen Marketingprogramms. Da der Trend immer mehr in die Richtung der Digitalisierung geht, bietet sich hier das sogenannte Onlinemarketing an. Dies umfasst die Planung, Organisation, Durchführung und Kontrolle aller marktorientierten Aktivitäten, die sich des Internets zur Erreichung der Marketingziele bedienen (Kreutzer, 2012, S. 520). Dahingehend werden verschiedene Arten von Instrumenten genutzt. Dazu zählen beispielsweise die unternehmenseigene Website, die Onlinewerbung, das Affiliate-Marketing, das Suchmaschinenmarketing, das E-Mail-Marketing und das Mobile-Marketing. Das Unternehmen sollte sich nun also auf aktuelle Plattformen, die im Trend liegen, fokussieren. Dazu gehören z.B. Facebook, Twitter und Instagram. Mithilfe regelmäßiger Beiträge rund um das Thema Fitness besteht die Möglichkeit viele potenzielle Neukunden zu erreichen. Außerdem sollte vor allem die unternehmenseigene Website dem Zeitgeist entsprechen.
2	Digitale Datenerfassung	Laut fluktuierenden Kunden entspricht die angebotene Leistung des Studios nicht mehr dem eingeforderten Mitgliedsbeitrag. Dahingehend bietet die Einführung eines sogenannten CRM-Systems Vorteile in Bezug der Qualitätssteigerung. Das System bietet einen raschen Überblick über Kundeninformationen, um eine individuelle Ansprache zu garantieren. Es besteht also die Möglichkeit alle relevanten Daten, wie Besuche und Sonderwünsche, bezüglich eines Kunden zu protokollieren. Geschieht dies direkt, bestenfalls im Anschluss an das Beratungsgespräch eines Neukunden, kann die Professionalität seitens des Studios hoch gehalten und die Kundenzufriedenheit ab dem ersten Tag gesichert werden (SoftSelect GmbH, o. J.).
3	Digitale Trainingssteuerung	Um das veraltete Studio technisch auf den neusten Stand zu bringen bietet sich die Möglichkeit der digitalen Trainingssteuerung. Mithilfe eines CRM-Systems lassen sich nämlich ebenfalls alle trainingsspezifischen Daten erfassen. Körperliche Beschwerden oder schlichtweg die Entwicklung des Trainingsstatus lassen sich mittels eines Vermerks schnell und einfach festhalten. Ein regelmäßiger Vergleich der Daten bei begleiteten Trainings kann dem Kunden als Motivationsstütze dienen. In Verbindung mit einer unternehmenseigenen App, auf der wichtige Infos, Trainingspläne und eben der eigene Fortschritt klar ersichtlich werden, kann die Trainingssteuerung weiter optimiert werden. Dies steigert außerdem die Kundenbindung. Zudem lassen sich Umfragen zur Kundenzufriedenheit mithilfe einer App spielend realisieren. Der Kunde bekommt das Gefühl, dass seine Meinung von Relevanz ist (Hackfort, 2015, S. 28).

| 4 | Elektroni-scher Geräte-zirkel | Um das Studio für den Kunden sichtbar zu erneuern, bedarf es neuer Gerätschaften. In Anbetracht des aktuellen Trends und der Digitalisierung bietet sich hier ein elektronisch gesteuerter Gerätezirkel an. Die Vorteile eines solchen Zirkels sind eine geführte Bewegungsausführung und die individuelle Selbsteinstellung der Geräte. Der Kunde spart also Zeit und die Entstehung eventueller Fehlerbilder wird minimiert. |

Tab. 12: Risiken und dazugehörige Lösungsvorschläge (eigene Darstellung)

	Risiko	Beschreibung	Lösungsvorschlag
1	Nutzung des Onlinemarke-tings	Die erhöhte Auslastung des Studios kann auf Unzufriedenheit bisheriger Mitglieder stoßen. Außerdem bergen regelmäßige Posts auf verschiedenen Plattformen einen erhöhten Personalaufwand. Damit die Kompetenz des Studios nicht in Frage gestellt werden kann, muss besonders darauf geachtet werden, dass angesprochene Themen inhaltlich korrekt und fundiert sind. Für Laien kann es sich des Weiteren als schwierig herausstellen, sich für die richtigen Möglichkeiten des Onlinemarketings zu entscheiden. Werden hier falsche Entscheidungen getroffen, können die Kosten eines Unternehmens schnell steigen, die gewünschte Wirkung bleibt allerdings aus.	Durch eine gezielte Kundenansprache, regelmäßige Trainingsbegleitungen und eine erhöhte Präsenz auf der Trainingsfläche kann diesem Risiko entgegengewirkt werden. Besondere Angebote für Altkunden oder spezielle Tarife für Jugendliche, die den Besuch zu Stoßzeiten nicht beinhalten, können weiterhin Abhilfe schaffen. Um die Aktivität und Korrektheit auf sozialen Plattformen zu gewährleisten besteht die Möglichkeit, unausgelastete Mitarbeiter oder spezielle Rezeptionisten diesem Aufgabenbereich zuzuordnen. Es muss sich außerdem vorab genügend informiert werden, welche Art des Onlinemarketings sich lohnt, eventuell kann hier ein Berater hinzugezogen werden. Hinzukommend empfiehlt es sich während eines Neukundengesprächs nachzuhaken, inwiefern der jeweilige Kunde auf das Unternehmen aufmerksam wurde. Eine dementsprechend entwickelte Liste zu führen ist daher von Vorteil, um die Verteilung des Marketingbudgets zukünftig besser zu koordinieren. Des Weiteren sollte das Marketingbudget innerhalb eines Geschäftsjahres genauestens geplant und festgelegt werden, um einen Überblick über die entsprechenden Kosten zu gewährleisten.
2	Nutzung des CRM-Systems	Es kann zu Problemen innerhalb des Unternehmens kommen, wenn sich für eine Software entschieden wird, die den Bedürfnissen des Unternehmens nicht gerecht wird. Dies könnte	Auch hier muss sich vorab und in Absprache mit möglichen Anbietern ausreichend informiert werden. Manche Anbieter bieten beispielsweise auch die Möglichkeit ihr Angebot innerhalb einer Demoversion zu testen (salesforce.com Germany GmbH, o. J.). Eine Optimierung interner Abläufe

		beispielsweise bei einer zu hohen Komplexität des Programms der Fall sein, da das System dem Unternehmen dann einen zu hohen Verwaltungsaufwand abverlangt (SoftSelect GmbH, o. J.).	kann außerdem als sinnvoll erachtet werden. So lässt sich im Anschluss an Termine genügend Zeit zur Datenaktualisierung der Kundenprofile einplanen. Alternativ besteht die Möglichkeit, unausgelastete Mitarbeiter oder spezielle Rezeptionisten diesem Aufgabenbereich zuzuordnen.
3	Nutzung einer App	Die Fluktuation weiterer Mitglieder kann als mögliche Konsequenz einer fortschreitenden Digitalisierung gesehen werden. Denn es ist nicht garantiert, dass das eigene Angebot beim Kunden auch ankommt (Hackfort, 2015, S. 29). Außerdem könnten vorwiegend ältere Personen Probleme mit dem Verständnis haben oder schlichtweg kein Smartphone besitzen.	Durch eine gezielte Kundenansprache kann dem Risiko der Fluktuation entgegengewirkt werden. Hinzukommend besteht die Möglichkeit erklärende Vorträge bezüglich der App-Einführung anzubieten. Innerhalb der Vorträge und Kundenansprachen können die Vorteile weiterhin ausführlich erklärt werden.
4	Nutzung des Gerätezirkels	Das klassisch persönlich begleitete Training gilt als Umsatztreiber in vielen Studios. Durch die zunehmende Digitalisierung könnte auch dieser Sektor betroffen sein. Denn sobald solche Gerätschaften dazu in der Lage sind Bewegungsmuster zu kontrollieren könnten solch begleitete Trainerstunden weniger genutzt werden (Hackfort, 2015, S. 30). Je höher die Auslastung des Zirkels, desto unterforderter außerdem die Trainer.	Auch hier kann dem Risiko durch eine gezielte Kundenansprache und daraufhin vereinbarte Trainingsbegleitungen entgegengewirkt werden. Insgesamt sollte auf eine erhöhte Kontrolle der Trainingsqualität aller Trainierenden geachtet werden. Die Entlastung der Mitarbeiter kann des Weiteren dazu genutzt werden, dem bereits beschriebenen erhöhten Personalaufwand aufgrund der Einführung des CRM-Systems und der Nutzung von Social Media gerecht zu werden. Alternativ kann das Kursangebot des Studios erweitert werden, um die Kundenbindung dahingehend zu steigern.

5   Literaturverzeichnis

Arentzen, U., & Winter, E. (1997). *Gabler-Wirtschaftslexikon* (14., vollständig überarbeitete und erweiterte Ausg.). Wiesbaden: Gabler.

Arndtteunissen GmbH. (2015). *Erscheinungsbild für den bekannten Gebäckhersteller Bahlsen.* Abgerufen am 1. März 2018 von https://www.arndtteunissen.de/projekte/corporate-design/bahlsen-corporate-design/

Bea, F. X., & Haas, J. (2013). *Strategisches Management* (Grundwissen der Ökonomik: Betriebswirtschaftslehre, 6., vollständig überarbeitete Ausg.). Stuttgart: Lucius & Lucius.

Becker, J. (2013). *Marketing-Konzeption. Grundlagen des ziel-strategischen und operativen Marketing-Managements* (10. Ausg.). München: Vahlen, Franz.

Birkigt, K., Stadler, M. M., & Funck, H. (2002). *Corporate Identity. Grundlagen, Funktionen, Fallbeispiele* (11. überarb. und aktualisierte Ausg.). München: Verlag Moderne Industrie.

Buhrmester, M. (2017). *Freeletics: Nur ein Hype oder eine sinnvolle Sportart?* Abgerufen am 6. März 2018 von https://aesirsports.de/2014/07/freeletics-nur-ein-hype-oder-eine-sinnvolle-sportart/

Dunker, M. (2006). *Marketing* (2. Ausg.). Rinteln: Merkur.

Fitvolution UG. (o. J.). *Freeletics Übungen – Eine kritische Betrachtung eines Fitness-Trends.* Abgerufen am 6. März 2018 von https://fitvolution.de/freeletics/

Freeletics GmbH. (o. J.). *Beginne deine eigene Erfolgsstory.* Abgerufen am 6. März 2018 von https://www.freeletics.com/de/bodyweight/coach/get

Frehse, L. (2015). *Wie McDonald's sich ändern will.* Abgerufen am 1. März 2018 von https://www.tagesspiegel.de/wirtschaft/nach-60-jahren-image-probleme-wie-mcdonalds-sich-aendern-will/11636828.html

Freyer, W. (2011). *Sport-Marketing. Modernes Marketing-Management für die Sportwirtschaft* (4., neu bearbeitete Ausg.). Berlin: Erich Schmidt.

Griese, K. M., & Bröring, S. (2011). *Marketing-Grundlagen. Eine fallstudienbasierte Einführung.* Wiesbaden: Gabler.

Hackfort, G. (2015). *Digital Fitness. Wachstumsperspektiven für die Fitnessbranche.* Abgerufen am 2. März 2018 von https://www.unibw.de/hum/dfs/studie-dfa1.pdf

Health and Beauty Germany GmbH. (2017). *Digitalisierung in der Fitnessbranche.* Abgerufen am 5. März 2018 von http://www.bodylife.com/buyers-guide/detail/artikel/digitalisierung-in-der-fitnessbranche.html

Heinzerling, M. (2014). *Freeletics – Vorteile und Kritik.* Abgerufen am 6. März 2018 von https://mheinzerling.de/blog/freeletics-vorteile-und-kritik/

Kotler, P., & Bliemel, F. (2006). *Marketing-Management. Analyse, Planung und Verwirklichung* (10. überarbeitete und aktualisierte Ausg.). München: Pearson.

Kotler, P., Armstrong, G., Saunder, J., & Wong, V. (2007). *Grundlagen des Marketing* (4., aktualisierte Ausg.). München: Pearson.

Kotler, P., Keller, K. L., & Opresnik, M. O. (2015). *Marketing-Management. Konzepte - Instrumente - Unternehmensfallstudien* (Pearson Studium - Economic BWL, 14., aktualisierte Ausg.). Hallbergmoos: Pearson.

Kreutzer, R. T. (2012). *Praxisorientiertes Marketing. Grundlagen - Instrumente - Fallbeispiele* (4., vollständig überarbeitete und erweiterte Ausg.). Wiesbaden: Springer-Gabler.

Kroehl, H. (2000). *Corporate Identity als Erfolgsfaktor im 21. Jahrhundert.* München: Vahlen.

Kyriasoglou, C. (2015). *„Es war schon schmerzhaft, schon ein Struggle".* Abgerufen am 5. März 2018 von https://www.gruenderszene.de/allgemein/freeletics-interview-matijczak-yilmaz-cornelius/2

Librations GmbH. (2016). *Die 3 bekanntesten (wie Runtastic) und die 5 spannendsten Fitness Apps – Librations.* Abgerufen am 6. März 2018 von https://librations.de/blog_3-bekannte-5-spannende-fitness-apps-librations/

McFIT Global Group GmbH. (o. J.). *Tschüss billige Ausreden!* Abgerufen am 6. März 2018 von https://www.mcfit.com/de/januar-aktion/

Meffert, H., Burmann, C., & Kirchgeorg, M. (2015). *Marketing. Grundlagen marktorientierter Unternehmensführung Konzepte - Instrumente - Praxisbeispiele* (SpringerLink: Bücher, 12., überarb. u. aktualisierte Ausg.). Wiesbaden: Springer Gabler.

milon industries GmbH. (o. J.). *Partner.* Abgerufen am 6. März 2018 von https://www.milon.com/partner/

Nieschlag, R., Dichtl, E., & Hörschgen, H. (1997). *Marketing* (18., durchgesehene Ausg.). Berlin: Duncker & Humblot.

Nieschlag, R., Dichtl, E., & Hörschgen, H. (2002). *Marketing* (19., überarbeitete und ergänzte Ausg.). Berlin: Duncker und Humblot.

Osterloh, M. (2009). *Darum heißt Twix plötzlich wieder Raider*. Abgerufen am 1. März 2018 von https://www.welt.de/wirtschaft/article4913295/Darum-heisst-Twix-ploetzlich-wieder-Raider.html

Porter, M. E. (2000). *Wettbewerbsvorteile. Spitzenleistungen erreichen und behaupten*. (6. Ausg.). Frankfurt: Campus-Verlag.

Realgestalt GmbH. (o. J.). *Deutschlands Erfolgsspirituosenmarke mit neuem Brand Design*. Abgerufen am 1. März 2018 von https://www.realgestalt.de/agentur-referenzen/neues-brand-design-fuer-jaegermeister/

salesforce.com Germany GmbH. (o. J.). *Was ist CRM?* Abgerufen am 4. März 2018 von https://www.salesforce.com/de/learning-centre/crm/what-is-crm/

SoftSelect GmbH. (o. J.). *CRM-Software: Die Vorteile und Nachteile im Überblick*. Abgerufen am 4. März 2018 von http://www.softselect.de/wissenspool/crm-vorteile-nachteile

Statista GmbH. (2017). *Fitness. Nutzer*. Abgerufen am 5. März 2018 von https://de.statista.com/outlook/313/137/fitness/deutschland#

Strongapp (Hrsg.). (o. J.). Abgerufen am 6. März 2018 von http://strongapp.io/

Süddeutsche Zeitung GmbH. (2015). *Die Fitnessbranche will Gesundheitsdienstleister sein*. Abgerufen am 6. März 2018 von http://www.sueddeutsche.de/digital/fitnessindustrie-mit-digitaler-selbstvermessung-zum-perfekten-koerper-1.2434820-2#redirectedFromLandingpage

Takac, M. (2016). *Freeletics & Co.: Training bis ans Limit*. Abgerufen am 6. März 2018 von https://www.apotheken-umschau.de/Sport/Freeletics--Co.-Training-bis-ans-Limit-501547.html

Weis, H. C. (1999). *Marketing* (11., überarbeitete und aktualisierte Ausg.). Ludwigshafen (Rhein): Kiehl.

Weis, H. C. (2012). *Marketing* (Kompendium der praktischen Betriebswirtschaft, 16., verbesserte und aktualisierte Ausg.). Herne, Westf: NWB Verlag.

6   Tabellenverzeichnis